Impressum
Verlag: BABADADA GmbH, Nedderfeld 112 , 22529 Hamburg
Geschäftsführer / Verlagsleitung: Harald Hof
Druck: Books on Demand GmbH, In de Tarpen 42, 22848 Norderstedt

Imprint
Publisher: BABADADA GmbH, Nedderfeld 112 , 22529 Hamburg, Germany
Managing Director / Publishing direction: Harald Hof
Print: Books on Demand GmbH, In de Tarpen 42, 22848 Norderstedt, Germany

教室
klaslokaal

除
delen

186/2

黑板
bord

校园
schoolplein

老师
leraar

纸
papier

书写
schrijven

钢笔
pen

办公桌
bureau

直尺
lineaal

书
boek

学生
leerling

书包

schooltas

铅笔盒

etui

铅笔

potlood

卷笔刀

puntenslijper

橡皮擦

gum

画板

schetsblok

图画
tekening

画笔
penseel

颜料盒
verfdoos

剪刀
schaar

胶水
lijm

练习册
schrift

家庭作业
huiswerk

12

数字
getal

2+2

加
optellen

5-2

减
aftrekken

2×2

乘
vermenigvuldigen

计算
rekenen

A

字母
letter

ABCDEFG
HIJKLMN
OPQRSTU
VWXYZ

字母表
alfabet

hello

字
woord

课文

tekst

读

lezen

粉笔

krijt

上课

les

登记

klassenboek

考试

examen

证书

diploma

校服

schooluniform

教育

opleiding

百科全书

encyclopedie

大学

universiteit

显微镜

microscoop

地图

kaart

废纸筐

prullenmand

青年旅社
hostel

酒店
hotel

外币兑换处
wisselkantoor

手提箱
koffer

汽车
auto

语言
taal

是/否
ja / nee

好的
oké

您好
Hallo!

翻译员
tolk

谢谢
Bedankt.

......多少钱？

Wat kost ...?

我不明白

Ik begrijp het niet.

问题

probleem

晚上好！

Goedenavond!

早上好！

Goedemorgen!

晚安！

Goedenacht!

再见

Tot ziens!

方向

richting

行李

bagage

包

tas

双肩包

rugzak

客人

gast

房间

kamer

睡袋

slaapzak

帐篷

tent

旅游信息

VVV-kantoor

海滩

strand

信用卡

creditkaart

早餐

ontbijt

午餐

lunch

晚餐

diner

票

kaartje

电梯

lift

邮票

postzegel

边界

grens

海关

douane

大使馆

ambassade

签证

visum

护照

paspoort

飞机
vliegtuig

船
schip

消防车
brandweerwagen

公交车
bus

卡车
vrachtauto

汽艇
motorboot

自行车
fiets

汽车
auto

摆渡船

veerboot

小船

boot

摩托车

motorfiets

警车

politiewagen

赛车

raceauto

租车

huurauto

拼车
carsharing

拖车
takelwagen

垃圾车
vuilniswagen

发动机
motor

汽油
benzine

加油站
benzinepomp

交通标志
verkeersbord

交通
verkeer

交通堵塞
file

停车场
parkeerplaats

火车站
station

轨道
rails

火车
trein

电车
tram

货车
wagon

交通运输 - transport

直升机
helikopter

机场
luchthaven

塔
toren

乘客
passagier

集装箱
container

纸板箱
verhuisdoos

手推车
kar

篮子
mand

起飞/降落
opstijgen / landen

城市

stad

村庄
dorp

市中心
stadscentrum

房子
huis

电影院
bioscoop

广告
reclame

路灯
straatlantaarn

街道
straat

出租车
taxi

小吃店
kiosk

行人
voetganger

人行道
trottoir

十字路口
kruispunt

斑马线
zebrapad

垃圾箱
vuilnisbak

红绿灯
stoplicht

小屋
hut

公寓
appartement

火车站
station

市政厅
stadhuis

博物馆
museum

学校
school

城市 - stad

大学

universiteit

银行

bank

医院

ziekenhuis

酒店

hotel

药房

apotheek

办公室

kantoor

书店

boekenwinkel

商店

winkel

花店

bloemenwinkel

超市

supermarkt

市场

markt

百货商店

warenhuis

鱼店

visboer

购物中心

winkelcentrum

海港

haven

公园

park

长凳

bank

桥

brug

楼梯

trap

地铁

metro

隧道

tunnel

公交车站

bushalte

酒吧

bar

餐馆

restaurant

邮筒

brievenbus

路标

straatnaambord

停车计时器

parkeermeter

动物园

dierentuin

游泳馆

zwembad

清真寺

moskee

农场

boerderij

污染

vervuiling

墓地

begraafplaats

教堂

kerk

操场

speelplaats

寺庙

tempel

地形

landschap

树叶
blad

指示牌
wegwijzer

路
weg

草地
weide

石头
steen

树
boom

徒步旅行者
wandelaar

河
rivier

草
gras

花
bloem

峡谷
vallei

山
berg

湖
meer

森林
bos

沙漠
woestijn

火山
vulkaan

城堡
kasteel

彩虹
regenboog

蘑菇
paddenstoel

棕榈树
palmboom

蚊子
mug

苍蝇
vlieg

蚂蚁
mier

蜜蜂
bij

蜘蛛
spin

甲虫
kever

青蛙
kikker

松鼠
eekhoorn

刺猬
egel

野兔
haas

猫头鹰
uil

鸟
vogel

天鹅
zwaan

野猪
wild zwijn

鹿
hert

麋鹿
eland

水坝
stuwdam

风力发电机
windmolen

太阳能电池板
zonnepaneel

气候
klimaat

服务员
ober

菜单
menu

椅子
stoel

汤
soep

披萨饼
pizza

餐具
bestek

桌布
tafelkleed

前菜
voorgerecht

主菜
hoofdgerecht

甜点
toetje

饮料
dranken

食物
eten

瓶子
fles

快餐
fastfood

街边小吃
eetkraampje

茶壶
theepot

糖盒
suikerpot

一份饭菜
portie

意式咖啡机
espressomachine

高脚椅
kinderstoel

账单
rekening

托盘
dienblad

刀
mes

餐叉
vork

勺子
lepel

茶匙
theelepel

餐巾
servet

玻璃杯
glas

餐馆 - restaurant

碟子
bord

汤盘
soepbord

碟子
schotel

酱
saus

盐瓶
zoutvaatje

胡椒磨
pepermolen

醋
azijn

食用油
olie

调味料
kruiden

番茄酱
ketchup

芥末
mosterd

蛋黄酱
mayonaise

特价
aanbieding

顾客
klant

乳制品
zuivelproducten

水果
fruit

购物车
winkelwagen

FOR

肉铺 slager	面包房 bakkerij	称重 wegen
蔬菜 groente	肉 vlees	冷冻食品 diepvriesproducten

冷盘
vleeswaren

罐头食品
conserven

洗衣粉
wasmiddel

甜食
snoepgoed

日用品
huishoudelijke artikelen

清洁用品
schoonmaakmiddel

销售员
verkoopster

收银机
kassa

收银员
kassier

购物清单
boodschappenlijstje

开放时间
openingstijden

钱包
portefeuille

信用卡
creditkaart

袋子
tas

塑料袋
plastic zak

dranken

水
water

果汁
sap

牛奶
melk

可乐
cola

红酒
wijn

啤酒
bier

酒
alcohol

可可
chocolademelk

茶
thee

咖啡
koffie

意式浓缩咖啡
espresso

卡布奇诺
cappuccino

香蕉

banaan

苹果

appel

橙子

sinaasappel

西瓜

watermeloen

柠檬

citroen

胡萝卜

wortel

大蒜

knoflook

竹子

bamboe

洋葱

ui

蘑菇

paddenstoel

坚果

noten

面条

pasta

意大利面条

spaghetti

米饭

rijst

沙拉

salade

薯条

friet

炸土豆

gebakken aardappelen

披萨饼

pizza

汉堡包

hamburger

三明治

sandwich

炸猪排

schnitzel

火腿

ham

萨拉米

salami

香肠

worst

鸡肉

kip

烤肉

gebraad

鱼

vis

食物 - eten

燕麦片
havermout

穆兹利
muesli

玉米片
cornflakes

面粉
meel

羊角面包
croissant

面包卷
broodjes

面包
brood

烤面包
toast

饼干
koekjes

黄油
boter

凝乳
kwark

蛋糕
taart

蛋
ei

煎蛋
gebakken ei

奶酪
kaas

冰激凌
ijs

糖
suiker

蜂蜜
honing

果酱
jam

巧克力酱
chocoladepasta

咖喱饭
kerrie

农舍 boerderij

粮仓 schuur

稻草捆 hooibaal

田野 veld

马 paard

拖车 aanhangwagen

马驹 veulen

拖拉机 tractor

驴 ezel

羊 schaap

羔羊 lam

山羊

geit

奶牛

koe

牛犊

kalf

猪

varken

小猪

big

公牛

stier

鹅
gans

鸭
eend

小鸡
kuiken

母鸡
kip

公鸡
haan

鼠
rat

猫
kat

老鼠
muis

牛
os

狗
hond

狗屋
hondenhok

花园浇水软管
tuinslang

洒水壶
gieter

长柄大镰刀
zeis

犁
ploeg

镰刀
sikkel

锄头
schoffel

长柄草耙
hooivork

斧头
bijl

独轮手推车
kruiwagen

饲料槽
trog

牛奶罐
melkbus

麻布袋
zak

栅栏
hek

马厩
stal

温室
broeikas

土壤
grond

种子
zaad

肥料
mest

联合收割机
maaidorser

收割

oogsten

收割

oogst

山药

yam

小麦

tarwe

大豆

soja

土豆

aardappel

玉米

maïs

油菜籽

koolzaad

果树

fruitboom

树薯

maniok

谷物

granen

房子
huis

烟囱
schoorsteen

屋顶
dak

落水管
regenpijp

窗户
raam

车库
garage

门铃
deurbel

门
deur

垃圾桶
prullenbak

信箱
brievenbus

花园
tuin

客厅
woonkamer

浴室
badkamer

厨房
keuken

卧室
slaapkamer

儿童房
kinderkamer

餐厅
eetkamer

地板

vloer

墙壁

muur

吊顶

plafond

地窖

kelder

桑拿

sauna

阳台

balkon

露台

terras

游泳池

zwembad

割草机

grasmaaier

被单

laken

床罩

bedsprei

床

bed

扫帚

bezem

水桶

emmer

开关

schakelaar

壁纸
behang

照片
foto

台灯
lamp

搁架
plank

橱柜
kast

壁炉
open haard

电视机
televisie

花
bloem

垫子
kussen

沙发
bankstel

花瓶
vaas

遥控器
afstandsbediening

地毯

tapijt

窗帘

gordijn

餐桌

tafel

椅子

stoel

摇椅

schommelstoel

扶手椅

stoel

书

boek

毯子

deken

装饰品

decoratie

木柴

brandhout

电影

film

高保真音响

stereo-installatie

钥匙

sleutel

报纸

krant

油画

schilderij

海报

poster

收音机

radio

笔记本

kladblok

吸尘器

stofzuiger

仙人掌

cactus

蜡烛

kaars

微波炉
magnetron

冰箱
koelkast

厨房秤
keukenweegschaal

洗洁精
schoonmaakmiddel

烤面包机
toaster

冰柜
vriesvak

烤箱
oven

垃圾桶
prullenbak

洗碗机
vaatwasser

炊具
fornuis

锅
pan

铸铁锅
gietijzeren pan

炒锅
wok / kadai

平底锅
koekenpan

水壶
ketel

蒸锅

stoomkoker

烤盘

bakplaat

陶瓷锅

servies

马克杯

beker

碗

kom

筷子

eetstokjes

长柄勺

soeplepel

铲子

spatel

搅拌器

garde

滤网

vergiet

筛子

zeef

磨碎机

rasp

研钵

vijzel

烧烤

barbecue

明火

vuurhaard

菜板
....
snijplank

擀面杖
....
deegroller

开瓶器
....
kurkentrekker

罐子
....
blik

开罐器
....
blikopener

隔热手套
....
pannenlap

水槽
....
wasbak

刷子
....
borstel

海绵
....
spons

搅拌机
....
blender

冷藏箱
....
vriezer

奶瓶
....
babyflesje

水龙头
....
kraan

浴室里的标注：

供暖设备 verwarming

淋浴 douche

毛巾 handdoek

浴帘 douchegordijn

泡沫浴 bubbelbad

浴缸 bad

玻璃杯 glas

洗衣机 wasmachine

水龙头 kraan

瓷砖 tegels

便壶 potje

水槽 wasbak

厕所
toilet

蹲便器
hurktoilet

坐浴器
bidet

小便池
urinoir

厕纸
toiletpapier

马桶刷
toiletborstel

牙刷

tandenborstel

牙膏

tandpasta

牙线

flosdraad

洗

wassen

手持式喷淋头

handdouche

冲洗器

toiletdouche

洗脸盆

waskom

擦背刷

rugborstel

肥皂

zeep

沐浴露

douchegel

洗发水

shampoo

法兰绒

washanje

排水

afvoer

乳霜

creme

除臭剂

deodorant

镜子

spiegel

手镜

make-upspiegel

剃须刀

scheermes

剃须泡沫

scheerschuim

须后水

aftershave

梳子

kam

刷子

borstel

吹风机

haardroger

喷发定型剂

haarspray

化妆品

make-up

唇膏

lippenstift

指甲油

nagellak

化妆棉

watten

指甲剪

nagelschaartje

香水

parfum

洗漱包
toilettas

凳子
kruk

计重秤
weegschaal

浴袍
badjas

橡胶手套
rubber handschoenen

卫生棉条
tampon

卫生巾
maandverband

化学厕所
chemisch toilet

闹钟
wekker

毛绒玩具
knuffeldier

玩具车
speelgoedauto

拨浪鼓
rammelaar

玩具屋
poppenhuis

礼物
cadeau

气球

ballon

床

bed

（洋娃娃用）婴儿车

kinderwagen

扑克牌

kaartspel

拼图

puzzel

漫画

stripverhaal

乐高积木

legostenen

积木玩具

speelgoedblokken

玩具人

actiefiguurtje

婴儿服

romper

飞盘

frisbee

床铃玩具

mobile

棋盘游戏

bordspel

骰子

dobbelsteen

火车模型

modeltrein

安抚奶嘴

speen

聚会

feestje

绘本

prentenboek

球

bal

洋娃娃

pop

玩

spelen

沙坑

zandbak

秋千

schommel

玩具

speelgoed

游戏机

spelcomputer

三轮车

driewieler

泰迪熊

teddybeer

衣柜

kleerkast

衣服

kleding

袜子

sokken

长袜

kousen

紧身裤

panty

围巾
sjaal

雨伞
paraplu

T恤
T-shirt

皮带
riem

靴子
laarzen

拖鞋
pantoffels

运动鞋
sportschoenen

凉鞋
sandalen

鞋
schoenen

雨靴
rubberlaarzen

内裤
onderbroek

胸罩
beha

背心
onderhemd

衣服 - kleding

身体
body

裤子
broek

牛仔裤
spijkerbroek

短裙
rok

女式衬衫
blouse

衬衫
overhemd

套头衫
trui

卫衣
hoody

西装夹克
blazer

夹克
jas

外套
mantel

雨衣
regenjas

套装
kostuum

连衣裙
jurk

婚纱
trouwjurk

西装
pak

睡袍
nachthemd

睡衣
pyjama

莎丽
sari

头巾
hoofddoek

包头巾
tulband

波卡
boerka

卡夫坦
kaftan

(阿拉伯式)长袍长袍
abaja

泳衣
zwempak

男式泳裤
zwembroek

短裤
korte broek

运动服
trainingspak

围裙
schort

手套
handschoenen

纽扣
knoop

眼镜
bril

手链
armband

项链
ketting

戒指
ring

耳环
oorbel

便帽
pet

衣架
kledinghanger

帽子
hoed

领带
stropdas

拉链
rits

头盔
helm

背带
bretels

校服
schooluniform

制服
uniform

围兜
slabbetje

安抚奶嘴
speen

尿不湿
luier

办公室
kantoor

服务器
server

文件柜
archiefkast

打印机
printer

纸
papier

显示屏
beeldscherm

办公桌
bureau

鼠标
muis

文件夹
map

键盘
toetsenbord

废纸筐
prullenmand

电脑
computer

椅子
stoel

咖啡杯
koffiemok

计算器
rekenmachine

因特网
internet

笔记本电脑
laptop

信件
brief

消息
bericht

手机
mobiele telefoon

网络
netwerk

复印机
kopieermachine

软件
software

电话
telefoon

插座
stopcontact

传真机
fax

表格
formulier

文件
document

买

kopen

付钱

betalen

交易

handel drijven

现金

geld

美元

dollar

欧元

euro

日元

yen

卢布

roebel

瑞士法郎

Zwitserse frank

人民币

renminbi yuan

卢比

roepie

提款处

geldautomaat

外币兑换处
wisselkantoor

金
goud

银
zilver

石油
olie

能源
energie

价格
prijs

合同
contract

税金
belasting

股票
aandeel

工作
werken

职员
werknemer

老板
werkgever

工厂
fabriek

商店
winkel

警官
politieagent

消防员
brandweerman

厨师
kok

医生
dokter

飞行员
piloot

园丁

tuinman

木匠

timmerman

裁缝

naaister

法官

rechter

化学家

scheikundige

演员

toneelspeler

公交车司机

buschauffeur

出租车司机

taxichauffeur

渔夫

visser

清洁女工

schoonmaakster

屋顶工

dakdekker

服务员

ober

猎人

jager

画家

schilder

面包师

bakker

电工

elektricien

建筑工人

bouwvakker

工程师

ingenieur

屠夫

slager

水管工

loodgieter

邮递员

postbode

士兵

soldaat

建筑师

architect

收银员

kassier

花农

bloemist

理发师

kapper

售票员

conducteur

机械师

monteur

船长

kapitein

牙医

tandarts

科学家

wetenschapper

拉比

rabbi

伊玛目

imam

和尚

monnik

牧师

pastoor

gereedschap

铁锤
hamer

钳子
tang

螺丝刀
schroevendraaier

扳手
moersleutel

手电筒
zaklamp

挖掘机

graafmachine

工具箱

gereedschapskist

梯子

ladder

锯子

zaag

钉子

spijkers

钻机

boor

修
....
repareren

铲子
....
schep

靠！
....
Verdorie!

簸箕
....
stofblik

油漆桶
....
verfpot

螺丝
....
schroeven

乐器
muziekinstrumenten

打击乐器
drumstel

扬声器
luidspreker

吉他
gitaar

低音提琴
contrabas

小号
trompet

钢琴

piano

小提琴

viool

贝斯

bas

定音鼓

pauk

鼓

trommel

电子琴

keyboard

萨克斯管

saxofoon

长笛

fluit

麦克风

microfoon

老虎
tijger

入口
ingang

笼子
kooi

斑马
zebra

动物饲料
dierenvoer

熊猫
panda

动物

dieren

大象

olifant

袋鼠

kangoeroe

犀牛

neushoorn

大猩猩

gorilla

熊

beer

骆驼

kameel

鸵鸟

struisvogel

狮子

leeuw

猴子

aap

火烈鸟

flamingo

鹦鹉

papegaai

北极熊

ijsbeer

企鹅

pinguïn

鲨鱼

haai

孔雀

pauw

蛇

slang

鳄鱼

krokodil

动物园管理员

dierenverzorger

海豹

zeehond

美洲豹

jaguar

矮种马
pony

豹
luipaard

河马
nijlpaard

长颈鹿
giraffe

老鹰
adelaar

野猪
wild zwijn

鱼
vis

龟
schildpad

海象
walrus

狐狸
vos

羚羊
gazelle

动物园 - dierentuin

橄榄球
American football

骑自行车
wielrennen

网球
tennis

篮球
basketbal

游泳
zwemmen

拳击
boksen

冰球
ijshockey

英式足球

voetbal

羽毛球

badminton

田径

atletiek

手球

handbal

滑雪

skiën

马球

polo

笑
lachen

跳
springen

拥抱
knuffelen

走路
lopen

唱
zingen

祈祷
bidden

做梦
dromen

亲吻
kussen

书写
schrijven

画
tekenen

展示
tonen

推
duwen

给
geven

拿
oppakken

有
hebben

做
doen

当
zijn

站
staan

跑
rennen

拉
trekken

扔
gooien

摔倒
vallen

躺
liggen

等待
wachten

携带
dragen

坐
zitten

穿衣
aankleden

睡觉
slapen

醒来
wakker worden

看
bekijken

哭
huilen

抚摸
strelen

梳头
kammen

交谈
praten

明白
begrijpen

问
vragen

听
horen

喝
drinken

吃
eten

清理
opruimen

爱
houden van

做饭
koken

开车
rijden

飞
vliegen

航行

zeilen

计算

rekenen

读

lezen

学习

leren

工作

werken

结婚

trouwen

缝

naaien

刷牙

tandenpoetsen

杀

doden

抽烟

roken

寄

verzenden

家

familie

祖母
grootmoeder

祖父
grootvader

父亲
vader

母亲
moeder

婴童
baby

女儿
dochter

儿子
zoon

客人

gast

阿姨

tante

叔叔

oom

兄弟

broer

姐妹

zus

前额
▼ voorhoofd

眼睛
oog ◢

肩膀
schouder ◢

手指
vinger

脸
gezicht ◣

下巴
kin

手
hand

乳房
borst ◣

腿
been ◣

▼ 手臂
arm

婴童
baby

男人
man

女人
vrouw

女孩
meisje

男孩
jongen

头
hoofd

背部

rug

肚子

buik

肚脐

navel

脚趾

teen

脚后跟

hiel

骨头

bot

臀部

heup

膝盖

knie

手肘

elleboog

鼻子

neus

屁股

achterwerk

皮肤

huid

脸颊

wang

耳朵

oor

嘴唇

lippen

身体 - lichaam

嘴
mond

牙齿
tand

舌头
tong

脑
hersenen

心脏
hart

肌肉
spier

肺
long

肝脏
lever

胃
maag

肾脏
nieren

性交
geslachtsgemeenschap

避孕套
condoom

卵子
eicel

精子
sperma

怀孕
zwangerschap

月经
menstruatie

阴道
vagina

阴茎
penis

眉毛
wenkbrauw

头发
haar

脖子
hals

医院
ziekenhuis

医院
ziekenhuis

救护车
ambulance

轮椅
rolstoel

骨折
fractuur

医生

dokter

急诊室

EHBO

护士

verpleegster

紧急情况

noodgeval

昏迷

bewusteloos

痛

pijn

受伤

verwonding

出血

bloeding

心脏病发作

hartaanval

中风

beroerte

过敏

allergie

咳嗽

hoest

发烧

koorts

流感

griep

腹泻

diarree

头痛

hoofdpijn

癌症

kanker

糖尿病

diabetes

外科医生

chirurg

手术刀

scalpel

手术

operatie

CT

CT

X光

röntgen

超声波

echografie

口罩

gezichtsmasker

疾病

ziekte

候诊室

wachtkamer

拐杖

kruk

石膏

pleister

绷带

verband

注射

injectie

听诊器

stethoscoop

担架

brancard

体温计

thermometer

出生

geboorte

超重

overgewicht

助听器

gehoorapparaat

消毒液

ontsmettingsmiddel

感染

infectie

病毒

virus

艾滋病

HIV / AIDS

药物

medicijn

接种疫苗

inenting

药片

tabletten

药丸

pil

急救电话

alarmnummer

血压计

bloeddrukmeter

生病/健康

ziek / gezond

救命！

Help!

警报

alarm

突击

overval

攻击

aanval

危险

gevaar

紧急出口

nooduitgang

着火啦！

Brand!

灭火器

brandblusser

意外

ongeluk

急救箱

EHBO-koffer

呼救信号

SOS

警察

politie

欧洲

Europa

北美洲

Noord-Amerika

南美洲

Zuid-Amerika

非洲

Afrika

亚洲

Azië

澳洲

Australië

大西洋

Atlantische Oceaan

太平洋

Stille Oceaan

印度洋

Indische Oceaan

南冰洋

Zuidelijke Oceaan

北冰洋

Noordelijke IJszee

北极

Noordpool

南极
Zuidpool

南极洲
Antarctica

地球
aarde

陆地
land

海
zee

岛
eiland

国家
natie

国家
staat

钟面

wijzerplaat

时针

uurwijzer

分针

minutenwijzer

秒针

secondewijzer

现在几点？

Hoe laat is het?

天

dag

时间

tijd

现在

nu

电子表

digitaal horloge

分

minuut

时

uur

周

week

周一 maandag
周三 woensdag
周五 vrijdag
周二 dinsdag
周六 zaterdag
周四 donderdag
周日 zondag

昨天

gisteren

今天

vandaag

明天

morgen

早晨

ochtend

中午

middag

晚上

avond

工作日

werkdagen

周末

weekend

雨
regen

彩虹
regenboog

风
wind

雪
sneeuw

春
voorjaar

秋
herfst

夏
zomer

冬
winter

4.APRIL	11°	☀
5.APRIL	4°	☁
6.APRIL	13°	☁
7.APRIL	8°	☀
8.APRIL	10°	☀

天气预报

weerbericht

温度计

thermometer

阳光

zonneschijn

云

wolk

雾

mist

潮湿

luchtvochtigheid

闪电

bliksem

打雷

donder

风暴

storm

冰雹

hagel

季风

moesson

洪水

overstroming

冰

ijs

一月

januari

二月

februari

三月

maart

四月

april

五月

mei

六月

juni

七月

juli

八月

augustus

九月
....
september

十月
....
oktober

十一月
....
november

十二月
....
december

形状

vormen

圆形
....
cirkel

正方形
....
vierkant

长方形
....
rechthoek

三角形
....
driehoek

球体
....
bol

立方体
....
kubus

形状 - vormen

颜色

kleuren

白

wit

黄

geel

橙

oranje

粉

roze

红

rood

紫

paars

蓝

blauw

绿

groen

棕

bruin

灰

grijs

黑

zwart

很多/少许

veel / weinig

生气/平静

boos / rustig

美/丑

mooi / lelijk

首/尾

begin / einde

大/小

groot / klein

明/暗

licht / donker

兄弟/姐妹

broer / zus

干净/肮脏

schoon / vies

完整/缺失

volledig / onvolledig

白天/晚上

dag/ nacht

死/生

dood / levend

宽/窄

breed / smal

可食用/非食用

eetbaar / oneetbaar

邪恶/善良

gemeen / aardig

兴奋/无聊

opgewonden / verveeld

胖/瘦

dik / dun

第一/最后

eerste / laatste

朋友/敌人

vriend / vijand

满/空

vol / leeg

硬/软

hard / zacht

重/轻

zwaar / licht

饿/渴

honger / dorst

生病/健康

ziek / gezond

非法/合法

illegaal / legaal

聪明/愚笨

intelligent / dom

左/右

links / rechts

近/远

dichtbij / ver

新/旧
nieuw / gebruikt

没有/有些
niets / iets

老/幼
oud / jong

开/关
aan / uit

打开/合上
open / gesloten

安静/吵闹
zacht / luid

富/穷
rijk / arm

对/错
goed / fout

粗糙/光滑
ruw / glad

伤心/高兴
verdrietig / gelukkig

短/长
kort / lang

慢/快
langzaam / snel

湿/干
nat / droog

温暖/凉爽
warm / koel

战争/和平
oorlog / vrede

反义词 - tegenstellingen

0

零

nul

1

一

één

2

二

twee

3

三

drie

4

四

vier

5

五

vijf

6

六

zes

7

七

zeven

8

八

acht

9

九

negen

10

十

tien

11

十一

elf

12

十二
twaalf

13

十三
dertien

14

十四
veertien

15

十五
vijftien

16

十六
zestien

17

十七
zeventien

18

十八
achttien

19

十九
negentien

20

二十
twintig

100

百
honderd

1.000

千
duizend

1.000.000

百万
miljoen

语言

talen

英语

Engels

美式英语

Amerikaans Engels

普通话

Chinees Mandarijn

印地语

Hindi

西班牙语

Spaans

法语

Frans

阿拉伯语

Arabisch

俄语

Russisch

葡萄牙语

Portugees

孟加拉语

Bengalees

德语

Duits

日语

Japans

我
ik

你
jij

他/她/它
hij / zij / het

我们
wij

你们
jullie

他们
zij

谁？
wie?

什么？
wat?

怎样？
hoe?

哪里？
waar?

什么时候？
wanneer?

名字
naam

后面

achter

里面

in

前面

voor

上方

boven

上面

op

下面

onder

旁边

naast

中间

tussen

地点

plaats